AF188854

قوتابخانە - école 2
سەفەر - voyage 5
گواستنەوە - transport 8
شار - ville 10
دیمەن - paysage 14
ڕێستورانت - restaurant 17
سوپەرمارکێت - supermarché 20
خواردنەوە - boissons 22
خواردن - alimentation 23
مەزرا - ferme 27
ماڵ، خانوو - maison 31
ژووری دانیشتن - salon 33
چێشتخانە - cuisine 35
حەمام، ئاودەستخانە - salle de bain 38
ژووری منداڵ - chambre d'enfant 42
جلوبەرگ - vêtements 44
نووسینگە، فەرمانگە - bureau 49
ئابووری - économie 51
ئیشەکان - professions 53
ئامراز و کەرەستە - outils 56
ئامێرەکانی مووزیک - instruments de musique 57
باخچەی ئاژەڵان - zoo 59
وەرزش - sports 62
چالاکیەکان - activités 63
بنەماڵە - famille 67
جەستە، لەش - corps 68
نەخۆشخانە، خەستەخانە - hôpital 72
ئورژانس، بەشی فریاکەوتن - urgence 76
ئەرز، زەوی - terre 77
کاتژمێر - ...heure(s) 79
هەفتە - semaine 80
ساڵ - année 81
شێوەکان - formes 83
ڕەنگەکان - couleurs 84
دژبەرەکان - oppositions 85
ژمارەکان - nombres 88
زمانەکان - langues 90
کێ / چی / چۆن - qui / quoi / comment 91
شوێن - où 92

Impressum
Verlag: BABADADA GmbH, Nedderfeld 112 , 22529 Hamburg
Geschäftsführer / Verlagsleitung: Harald Hof
Druck: Books on Demand GmbH, In de Tarpen 42, 22848 Norderstedt

Imprint
Publisher: BABADADA GmbH, Nedderfeld 112 , 22529 Hamburg, Germany
Managing Director / Publishing direction: Harald Hof
Print: Books on Demand GmbH, In de Tarpen 42, 22848 Norderstedt

قوتابخانە

école

پۆل
salle de classe
دابەشکردن
diviser
186/2
تەختە
tableau noir
cour (de récréation)
مامۆستا
professeur
کاغەز
papier
نووسین
écrire
پێنووس
stylo
مێزی نووسین
bureau
خەتکێش
règle
کتێب
livre
خوێندکار
élève

چەواڵ

cartable

جانتای پێنووس

trousse

پێنووس

crayon

تیژکەرەوەی پێنووس

taille-crayon

ڕەشکەرەوە

gomme

پەدی نیگارکێشان

carnet à dessin

نیگارکێشان

dessin

فڵچەی ڕەنگ

pinceau

قوتووی ڕەنگ

boîte de peinture

مەقەست

ciseaux

چەسپ، کەتیرە

colle

کتێبی ڕاهێنان

cahier d'exercices

کاری ماڵەوه

devoirs

12

ژمارە

chiffre

2+2

زیدەکردن

additionner

5-2

کەمکردن

soustraire

2×2

لێکدان

multiplier

حساب‌کردن، ژماردن

calculer

A

پیت

lettre

ABCDEFG HIJKLMN OPQRSTU VWXYZ

ئەلفوبێ

alphabet

hello

وشە

mot

نووسراوە، دەق
....
texte

خوێندنەوە
....
lire

گەچ
....
craie

خول، دەرس
....
leçon

تۆمارکردن
....
livre de classe

ئەزموون، تاقیکردنەوە
....
examen

بڕوانامە
....
certificat

جلی قوتابخانە
....
uniforme scolaire

پەروەردە
....
formation

زانیاری نامە
....
lexique

زانکۆ
....
université

میکرۆسکۆپ
....
microscope

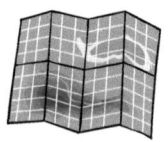

خەریتە، نەخشە
....
carte

سەبەتەی کاغەز
....
corbeille à papier

CHANGE
میوانخانە، هۆتێل
hôtel
میوانخانە
auberge
نووسینگەی گۆڕینەوەی دراو
bureau de change
جانتا، ساک
valise
ئۆتۆمۆبیل
voiture

زمان

langue

بەڵێ / نەخێر

oui / non

باشە

d'accord

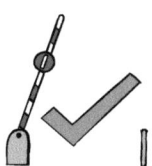

سڵاو

Salut

وەرگێڕی دەق

interprète

سپاس

merci

بەچەندە ...؟

Combien coûte...?

من تێناگەم

Je ne comprends pas

کێشە

problème

ئێوارە باش!

Bonsoir !

بەیانی باش!

Bonjour !

شەو باش!

Bonne nuit !

ماڵئاوا، بەخێرچی

Au revoir

ئاراستە، ڕێڕەو

direction

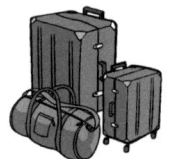

جانتا

bagages

جانتا

sac

کۆڵەپشتی

sac-à-dos

میوان

hôte

ژوور، دیو

pièce

کیسەخەو

sac de couchage

چادر، دەوار

tente

زانیاری بۆ گەشتیار
....
office de tourisme

کەناراو
....
plage

کارتی قەرز
....
carte de crédit

نانی بەیانی
....
petit-déjeuner

نانی نیوەڕۆ
....
déjeuner

نانی شەو
....
dîner

بلیت
....
billet

ئاسانسۆر
....
ascenseur

پوول، تەمر
....
timbre

سنوور
....
frontière

گومرک
....
douane

باڵوێزخانە
....
ambassade

ڤیزا
....
visa

پاسەپۆرت
....
passeport

گواستنەوە

transport

avion
کەشتی
navire
مەکینەی ئاگرکوژێنەوە
véhicule de pompiers
پاس
bus
لۆری
camion
بەلەمی ماتۆڕی
bateau à moteur
دووچەرخە، پایسکل
bicyclette
ئۆتۆمۆبیل
voiture

کەشتی گواستنەوە

ferry

بەلەمی ماتۆڕی

barque

ماتۆڕ

moto

ئوتومبێلی پۆلیس

voiture de police

ئوتومبێلی پێشبڕکێ

voiture de course

ئۆتۆمۆبیلی کرێ

voiture de location

ئۆتۆمۆبیل هاوبەشکردن

....

auto-partage

لۆری ڕاکێشکردن

....

voiture de remorquage

لۆری زبڵ

....

benne à ordures

ماتۆڕ

....

moteur

سووتەمەنی

....

essence

وێستگەی بەنزین

....

station d'essence

تابلۆی هاتووچۆ

....

panneau indicateur

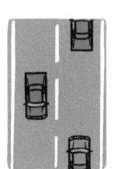

هاتووچۆ

....

trafic

ترافیک

....

embouteillage

شوێنی ڕاگرتنی ئۆتۆمۆبیل

....

parking

وێستگەی شەمەندەفەر

....

gare

هێڵی ئاسن

....

rails

شەمەندەفەر

....

train

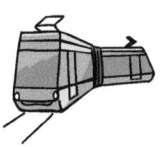

قەتاری سەرشەقام

....

tramway

داشقە

....

wagon

هەلیکۆپتەر
....
hélicoptère

فرۆکەخانە
....
aéroport

بورج
....
tour

نەفەر
....
passager

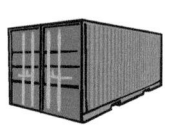

دەفر، کانتینەر
....
conteneur

کارتۆن
....
carton

داشقە
....
chariot

سەوەتە
....
corbeille

هەڵفرین / نیشتن
....
décoller / atterrir

شار

ville

گوند، دێهات
....
village

ناوەندی شار
....
centre-ville

ماڵ، خانوو
....
maison

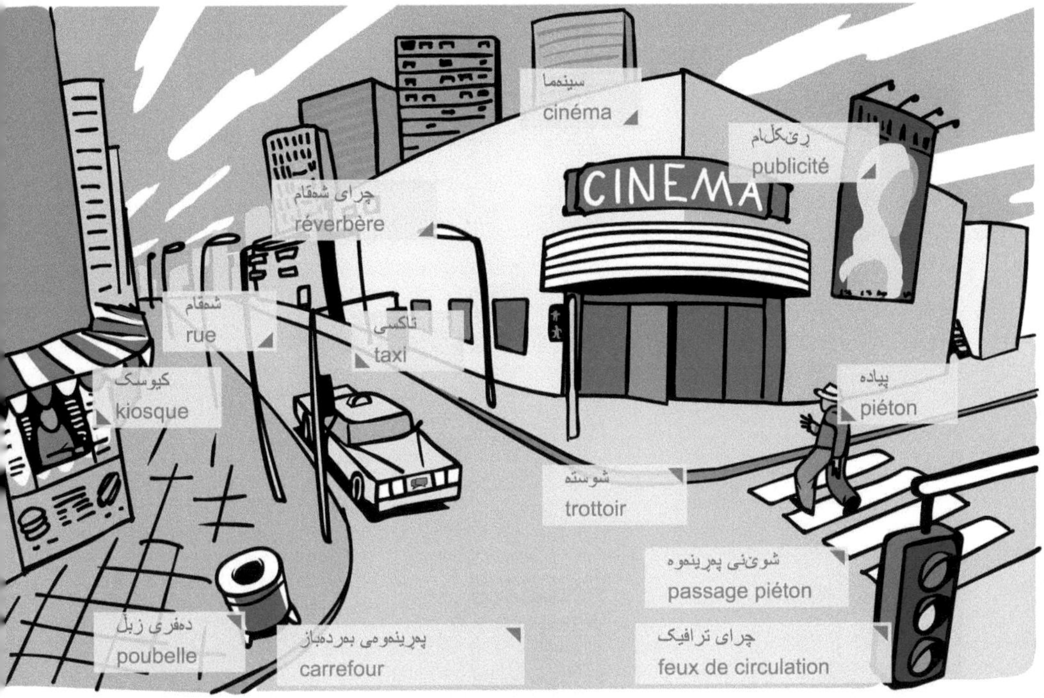

CINEMA

سینەما
cinéma

ڕێکڵام
publicité

چرای شەقام
réverbère

شەقام
rue

تاکسی
taxi

کیۆسک
kiosque

پیادە
piéton

شۆستە
trottoir

شوێنی پەڕینەوە
passage piéton

دەفری زبڵ
poubelle

پەڕینەوەی بەردەباز
carrefour

چرای ترافیک
feux de circulation

خانووچکە
....
cabane

نهۆم، باڵەخانە
....
appartement

وێستگەی شەمەندەفەر
....
gare

کۆشکی شارەوانی
....
mairie

مۆزەخانە
....
musée

قوتابخانە
....
école

زانكۆ

université

بانک

banque

نەخۆشخانە، خەستەخانە

hôpital

میوانخانە، هۆتێل

hôtel

دەرمانخانە

pharmacie

نووسینگە، فەرمانگە

bureau

کتێبفرۆشی

librairie

دووکان

magasin

گوڵفرۆشی

fleuriste

سوپەرمارکێت

supermarché

بازار

marché

فرۆشگا

grand magasin

ماسیفرۆش

poissonnerie

ناوەندی کڕین

centre commercial

بەندەر

port

پارک

parc

کورسی درێژ

banque

پرد

pont

پێ پیلکان

escaliers

ژێرزەوی

métro

تونێل

tunnel

وێستگەی پاس

arrêt de bus

مەیخانە

bar

ڕێستورانت

restaurant

سندووقی پۆست

boîte à lettres

تابلۆی شەقام

panneau indicateur

پێوەری پارکینگ

parcmètre

باخچەی ئاژەڵان

zoo

حەوزی مەلە

piscine

مزگەوت

mosquée

مەزرا

ferme

پیسبوونی ژینگە

pollution

قەبرستان، گۆڕستان

cimetière

کەنیسە

église

شوێنی یاری

aire de jeux

پەرستگا

temple

دیمەن

paysage

گەڵا
feuille

تابلۆی ڕێنیشاندەر
panneau indicateur

ڕێگا
chemin

مێرگ
pré

بەرد
pierre

دار
arbre

شاخەوان
randonneur

ڕووبار، چەم
rivière

گژوگیا
herbe

گوڵ
fleur

دۆڵ، شیو

....

vallée

بەرزایی

....

montagne

دەریاچە

....

lac

دارستان

....

forêt

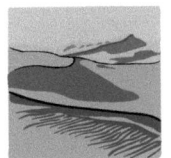

چۆڵەوار

....

désert

بورکان

....

volcan

قەڵا

....

château

کۆلکەزێڕینە

....

arc-en-ciel

کارگ

....

champignon

دارخورما

....

palmier

مێشوولە

....

moustique

مێشوولە

....

mouche

مێروولە

....

fourmis

مێش هەنگوین

....

abeille

جاڵجاڵووکە

....

araignée

قالۆنچە
....
coléoptère

بۆق
....
grenouille

سمۆرە
....
écureuil

ژیشک
....
hérisson

کەروێشکە کێوی
....
lièvre

کوند
....
chouette

باڵەندە
....
oiseau

قازی سپی
....
cygne

بەرازی کێوی
....
sanglier

ئاسک
....
cerf

بزنە کێوی
....
élan

بەنداو
....
barrage

تۆربینی با
....
éolienne

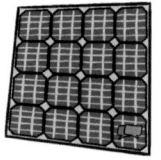

پەڕەی خۆری
....
panneau solaire

ئاووهەوا
....
climat

ڕێستۆرانت

restaurant

خزمەتکار
serveur
لیستە، پێرست
menu
کورسی
chaise
سووپ، شۆرباو
soupe
پیتزا
pizza
چەقۆ و چەتاڵ
couverts
سفرە
nappe

خواردنی دەستپێک

hors d'œuvre

خواردنی سەرەکی

plat principal

دێسێر

dessert

خواردنەوە

boissons

خواردن

alimentation

بوتڵ

bouteille

خواردنی خێرا

fast-food

خواردنی سەرشەقام

plats à emporter

قۆری

théière

قوتووی شەکر

sucrier

بەش

portion

ئامێری سازکردنی قاوەی ئێسپرەسۆ

machine à expresso

کورسی بەرز

chaise haute

تێچوو

facture

کەشەف

plateau

چەقۆ

couteau

چنگاڵ

fourchette

کەوچک

cuillère

کەوچکی چا

cuillère à thé

دەسماڵ

serviette

لیوان، پەرداخ

verre

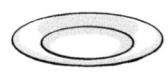

قاپ، دەوری، دەفر

....

assiette

قاپی شۆرباو

....

assiette à soupe

ژێرپیالە

....

soucoupe

سۆس

....

sauce

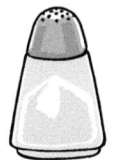

خوێدان

....

salière

هاڕەری بیبار

....

moulin à poivre

سرکە

....

vinaigre

ڕۆن

....

huile

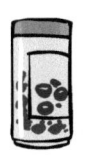

بەهارات

....

épices

دۆشاوی تەمات، سۆسی تەماتە

....

ketchup

سۆسی موستارد

....

moutarde

سۆسی مایۆنێز

....

mayonnaise

سوپەرمارکێت

supermarché

داشکاندنی تایبەتی
offre promotionnelle
مشتەری
client
شیرەمەنی
produits laitiers
میوە
fruits
داشقە
chariot

دووکانی قەسابی

boucherie

نانەواخانە

boulangerie

کێشان

peser

سەوزی

légumes

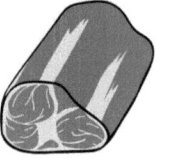

گۆشت

viande

خواردنی بەستوو

aliments surgelés

گۆشتی سارد

charcuterie

خواردنی کۆنسێرو

conserves

دەرمانی بشۆر

poudre à lessive

شیرینی

bonbons

بەرهەمی خۆماڵی

articles ménagers

بەرهەمی خاوێنکردنەوە

détergents

فرۆشیار

vendeuse

ژمێرەر

caisse

ژمێریار، خەزەندار

caissier

لیستی کڕین

liste d'achats

کاتی دەوام

heures d'ouverture

کیسەباخەڵ، جزدان

portefeuille

کارتی قەرز

carte de crédit

توورەکە، کیسە

sac

توورەکە

sac en plastique

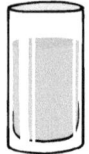

خواردنەوە

boissons

ئاو

eau

شەربەت

jus de fruit

شیر

lait

خەڵووز

coca

شەراب

vin

بیره

bière

ئەڵکۆڵ

alcool

کاکاو

chocolat chaud

چایی، چا

thé

قاوه

café

قاوەی ئێسپرەسۆ

expresso

کاپۆچینۆ

cappuccino

مۆز

banane

سێو

pomme

پرتەقاڵ

orange

کاڵەک

melon

لیمۆ

citron

گێزەر

carotte

سیر

ail

حەیزەران

bambou

پیاز

oignon

کارگ

champignon

سەموونە، گوێز، ناوکە

noisettes

نوودڵ

pâtes

ماکارۆنی

spaghetti

برینج

riz

زەلاتە

salade

چپس

pommes frites

پەتاتەی برژاو، پەتاتەی سوورۆکراو

pommes de terre rôties

پیتزا

pizza

هەمبرگێر

hamburger

ساندویچ، دۆندرمە

sandwich

پارچە گۆشت

escalope

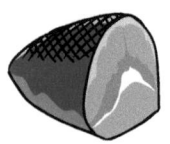

گۆشتی بەراز

jambon

گۆشتی بەراز

salami

سۆسیس

saucisse

مریشک

poulet

برژاندن، نرژان

rôti

ماسی

poisson

شۆرباوی ساوار
....
flocons d'avoine

دانەوێڵەی تێکەڵ
....
muesli

دانەی دانەوێڵە
....
cornflakes

ئارد
....
farine

کرۆسانت، نانێکی فەرەنسی
....
croissant

نانی خڕ
....
petits-pains

نان
....
pain

نانی برژاو
....
pain grillé

بسکیت
....
biscuits

کەرە، ڕۆنی کەرە
....
beurre

سەرتوێژ، توێژ
....
le fromage blanc

کەیک
....
gâteau

هێلکە
....
œuf

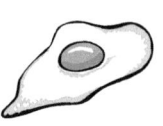

هێلکەی برژاو
....
œuf au plat

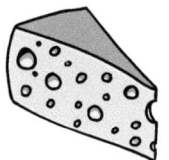

پەنیر
....
fromage

بەستەنی، دۆندرمە

glace

شەکر

sucre

هەنگوین

miel

مرەبا

confiture

خامەی نۆگات

crème nougat

بەهارات

curry

مەزرا
ferme

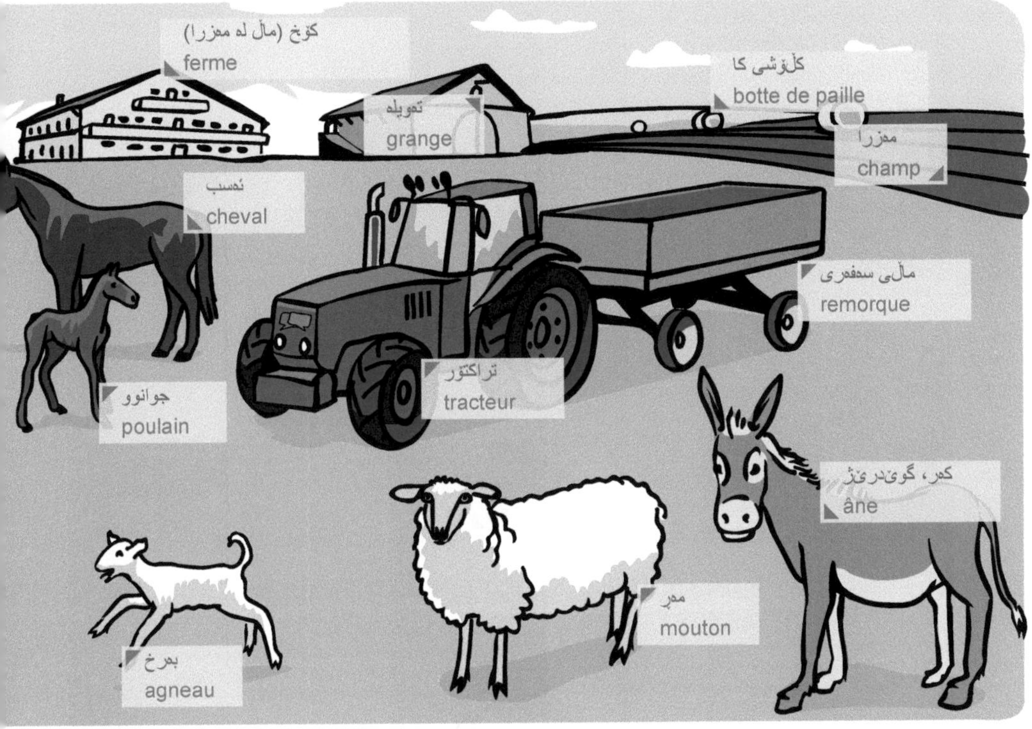

کۆخ (ماڵ لە مەزرا)
ferme
تەویلە
grange
کڵۆشی گا
botte de paille
مەزرا
champ
cheval
ماڵی سەفەری
remorque
تراکتۆر
tracteur
جوانوو
poulain
کەر، گوێدرێژ
âne
مەڕ
mouton
بەرخ
agneau

بزن

chèvre

مانگا

vache

گوێلک

veau

بەراز

porc

فەرخە بەراز

porcelet

جوانەگا

taureau

مەزرا - ferme 27

قاز

oie

مراوی

canard

جووچک

poussin

مریشک

poule

کەڵەشێر

coq

جرج

rat

پشیله

chat

مشک

souris

گا

bœuf

سە، سەگ

chien

کونە سە

chenil

سۆندە

tuyau de jardin

تونگەی ئاودان

arrosoir

ماڵەغان

faucheuse

گاسن

charrue

داس

faucille

مەرە

pioche

شەنە

fourche

تەور

hache

عارەبانەی دەستیی

brouette

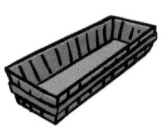

دەفری خواردنی ئاژەڵان

cuve

دەفری شیر

pot à lait

تەلیس

sac

پەرژین

clôture

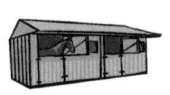

تەویلە

étable

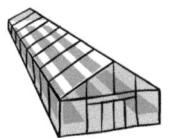

گوڵخانە

serre

خۆڵ

sol

دەنک، تۆک

semences

پەین

engrais

کۆمباین

moissonneuse-batteuse

دروێنەکردن

récolter

خەرمان

récolte

پەتاتە

igname

گەنم

blé

لووبیا، فاسۆلیا

soja

پەتاتە

pomme de terre

گەنمەشامی

maïs

جۆرێک دەخڵودان

colza

داری بەری

arbre fruitier

سێوبنەعەرزیلە

manioc

دانەوێلەی تێکەڵ

céréales

ماڵ، خانوو

maison

دووکەڵکێش
cheminée
سەربان
toit
gouttière
پەنجەرە
fenêtre
زەنگی دەرگا
sonnette
گەراژ
garage
دەرگا
porte
دەفری زبڵ
poubelle
سندووقی نامە
boîte aux lettres
باخ
jardin

ژووری دانیشتن
....
salon

حەمام، ئاودەستخانە
....
salle de bain

چێشتخانە
....
cuisine

ژووی خەو
....
chambre à coucher

ژووری منداڵ
....
chambre d'enfant

ژووری نانخواردن
....
salle à manger

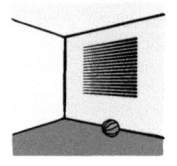

داڵان، ئەرز

sol

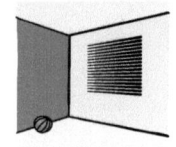

دیوار

mur

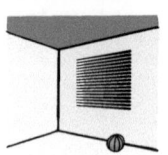

بن میچ

plafond

ژێرزەمین

cave

ساونا

sauna

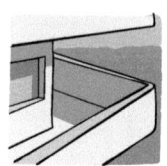

باڵکۆن، هەیوان

balcon

هەیوان

terrasse

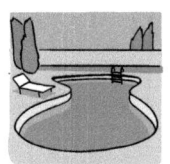

حەوز، مەلەوانگە

piscine

گژوگیابڕ

tondeuse à gazon

مەلافە

housse

مەلافەی نوێن

couette

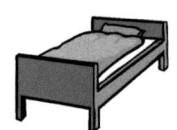

پێخەف، نوێن

lit

گسک

balai

سەتڵ

sceau

سویچ، کلیل

interrupteur

ژووری دانیشتن

salon

کاغەزی دیواری
papier peint
وێنە
image
لامپ، چرا، گڵۆپ
lampe
ڕەفە
étagère
کۆمێد
armoire
تەلەفیزیۆن
télé
ئاگردان
cheminée
گوڵ
fleur
باڵەنج، سەرین
coussin
سۆفا
sofa
گوڵدان
vase
کۆنترۆڵ لە ڕێگەی دوور
télécommande

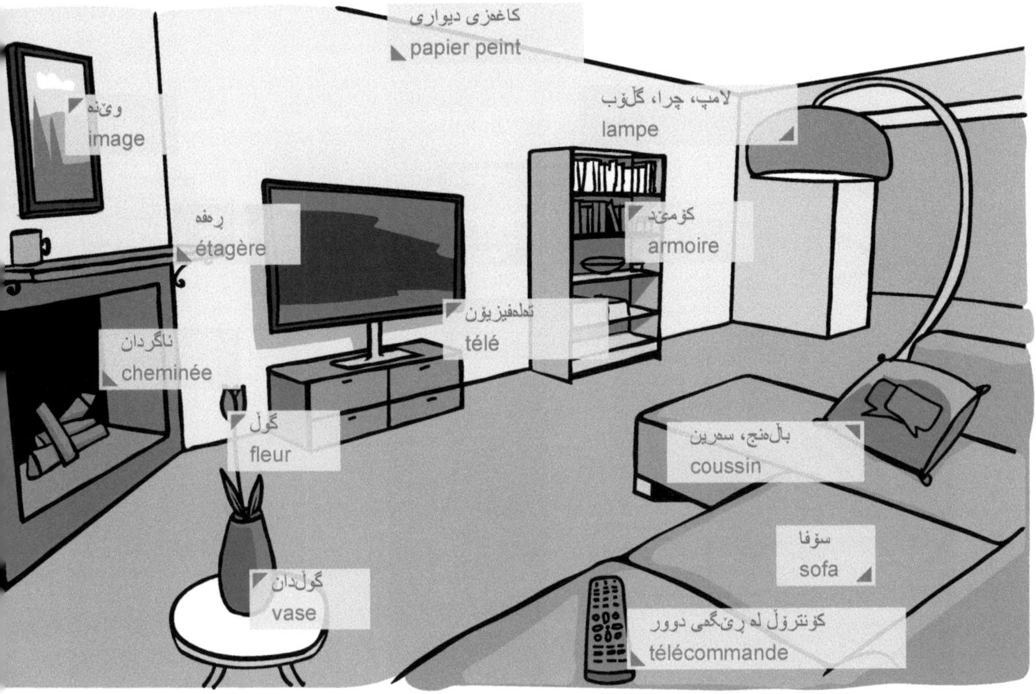

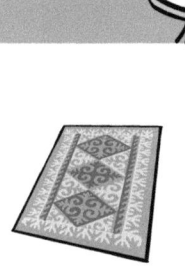

فەرش

tapis

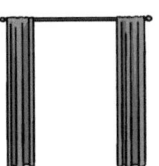

پەردە

rideau

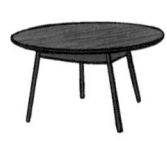

مێز

table

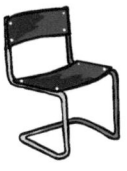

کورسی

chaise

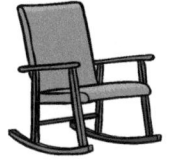

کورسی ڕاژاندن

chaise à bascule

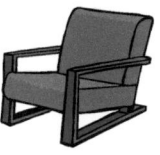

کورسی دەسکدار

fauteuil

کتێب

livre

پەتوو، بەتانی

couverture

ڕازاندنەوە

décoration

داری سووتاندن

bois de chauffage

فیلم

film

ستێریۆ

chaîne hi-fi

کلیل

clé

ڕۆژنامە

journal

نیگار، نیگارکێشان

peinture

پۆستەر

poster

ڕادیۆ

radio

تیانووس

bloc-notes

گسکی کارەبایی

aspirateur

کاکتووس

cactus

مۆم

bougie

چێشتخانە

cuisine

ساردکەر
réfrigérateur
مایکرۆوەیڤ
four à micro-ondes
balance de cuisine
نان برژێن
grille-pain
دەرمانی خاوێنکردنەوە
détergent
زۆپا، گاز
four
بەستێنەر
compartiment congélateur
دەفری زبڵ
poubelle
ئامێری قاپ شۆردن
lave-vaisselle

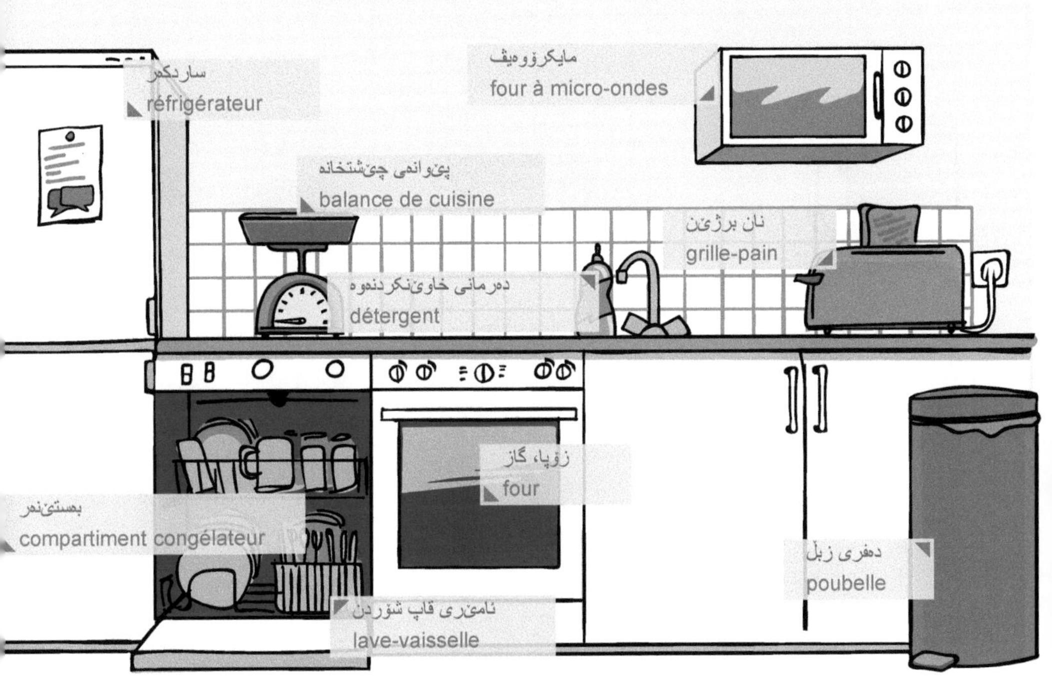

چێشتلێنەر
four

مەنجەڵ
casserole

قاپی ئوتوو
marmite

تاوەی قووڵ
wok / kadai

تاوە
poêle

کتری، ئاوگەمکەر
bouilloire electrique

چێشتلێنەری هەڵمی
....
cuisseur vapeur

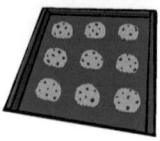

کەشەفی نانکردن
....
plaque de cuisson

قاپ و قاچاغ
....
vaisselle

کوپ
....
gobelet

قاپ
....
coupe

چیلکەی نانخواردن
....
baguettes

ئەسکوێ
....
louche

کەوگیر
....
spatule

گسک
....
fouet

سووزمە
....
passoire

بێژنگ
....
tamis

ئامێری جنینی پەنیر و سەوزە
....
râpe

دەستار
....
mortier

برژاندن
....
barbecue

ئاگر
....
cheminée

تەختەی وردکردن

....

planche à découper

تیرۆک

....

rouleau à pâtisserie

بورغی فلین

....

tire-bouchon

قوتوو

....

boîte

قوتووکەرەوە

....

ouvre-boîte

دەسرەی مەنجەڵ

....

maniques

دەستشۆر

....

lavabo

فڵچە

....

brosse

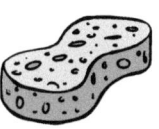

ئیسفەنج

....

éponge

تێکەڵکەر

....

mixeur

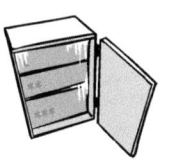

قەرەسی

....

congélateur

شووشە شیر

....

biberon

شێری ئاو

....

robinet

حەمام، ئاودەستخانە

salle de bain

زۆپا/گەرمکەر
chauffage
دووشی ئاو، خورژم
douche
خاولی
serviette
پەردەی حەمام
کەفی حەمام
bain moussant
حەوزی حەمام
baignoire
لیوان، پەرداخ
verre
ئامێری دەفرشوتن
machine à laver
شێری ئاو
robinet
کاشی
carrelage
ئاودەستی منداڵان
pot
دەسشۆر
lavabo

ئاودەست، تواڵێت

toilettes

تواڵێتی نزم، ئاودەست

toilette à la turque

جۆرێک تواڵێت

bidet

تواڵێت، ئاودەست

urinoir

کاغەزی ئاودەستخانە

papier toilette

فڵچەی ئاودەستخانە

brosse à toilette

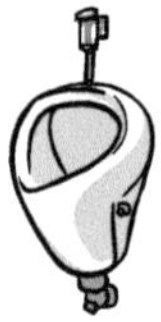

فڵچەی ددان

brosse à dents

خەمیری ددان

dentifrice

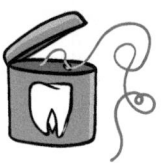

بەنی ددان

fil dentaire

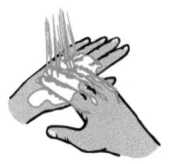

شۆردن، شوتن

laver

خورژمی دەستی

douche manuelle

دووش

douche intime

کاسەی دەستوچاوشوتن

vasque

فڵچەی پشت

brosse dorsale

سابوون

savon

جێڵی خۆشوتن

gel douche

شامپۆ

shampooing

فلانێل

gant de toilette

ئاوەڕۆ

écoulement

کرێم

crème

بۆنخۆشکەرە

déodorant

ئاوێنە

miroir

ئاوێنەی دەستی

miroir cosmétique

مەکینەی ڕیش تاشین

rasoir

سابوونی ڕیش تاشین

mousse à raser

کرێمی دوای ڕیش تاشین

après-rasage

شانە

peigne

فڵچە

brosse

سێشوار، سەرئیشککەرەوە

sèche-cheveux

سپرەی قژ

laque pour cheveux

سووراوسپیاو

fond de teint

سووراو

rouge à lèvres

ڕەنگی نینۆک

vernis à ongles

لۆکە

ouate

مەقەستی نینۆک

coupe-ongles

عەتر

parfum

کیسەی حەمام
....
trousse de toilette

کورسی بێ پشت
....
tabouret

پێوەر
....
pèse-personne

خاولی حەمام
....
peignoir

دەستەوانەی چەرم
....
gants de nettoyage

تامپۆن
....
tampon

خاولی خاوێنکردنەوە
....
serviettes hygiéniques

ئاودەستی کیمیایی
....
toilette chimique

ژووری منداڵ

chambre d'enfant

سەعاتی زەنگدار
réveil
گەمەی شیرن
doudou
ماشێنی یاری
voiture jouet
شەقشەقەی منداڵ
hochet
خانووی بووکەشووشە
maison de poupée
دیاری
cadeau

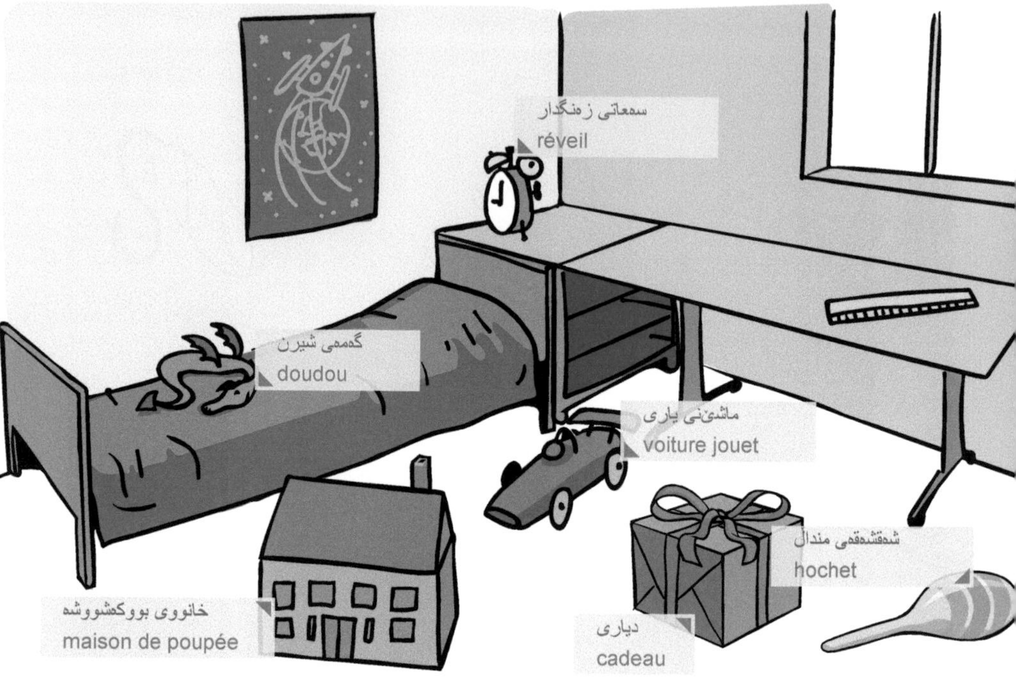

باڵۆن

ballon

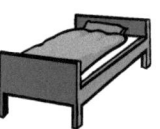

پێخەف، نوێن

lit

داشقەی منداڵ

poussette

گەمەی کارت

jeu de cartes

مەتەڵ، مەتەڵۆک

puzzle

کۆمێدی

bande dessinée

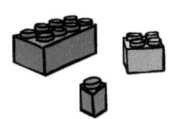

خشتی لێگۆ

pièces lego

خشتی یاری

blocs de construction

بووکە شووشە

figurine

جلی منداڵ

grenouillère

یاری فریزبی

frisbee

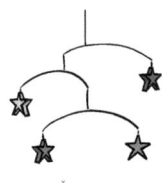

بزۆک، جووڵێنراو

mobile

یاری تەختە

jeu de société

مۆرە

dé

مۆدێلی شەمەندەفەر

train miniature

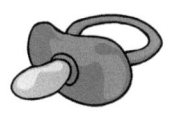

مەمکە مژە

sucette

میوانی، جەژن

fête

کتێبی وێنەدار

livre d'images

تۆپ

balle

بووکەشووشە

poupée

کایە کردن، یاری کردن

jouer

قوڕتی خیزوخۆڵ

bac à sable

جۆلانە

balançoire

کایەی منداڵان، یاری منداڵان

jouets

گەمەی ویدیۆیی

console de jeu

سێ‌چەرخە

tricycle

ورچی یاری

ours en peluche

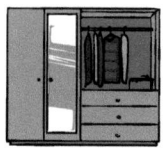

کەنتۆر

armoire

جلوبەرگ

vêtements

گۆرەوی

chaussettes

گۆرەوی درێژ

bas

گۆرەوی درێژ

collant

شاڵی مل
écharpe

چەتر
parapluie

کراس
t-shirt

قایش، پشتێن
ceinture

چەکمە، پۆتین
bottes

پێڵاوی ماڵ
pantoufles

پێڵاو
baskets

پاپوچ
sandales

کەوش، پێڵاو
chaussures

چەکمەی چەرم
bottes de caoutchouc

پانتۆڵی ژێرەوە
sous-vêtements

ستیان، سوخمە
soutien-gorge

جلیسقە
maillot de corps

جەستە، لەش

body

پانتۆل

pantalon

پانتۆل

jean

دامەن، تەنوورە

jupe

کراس

chemisier

کراس

chemise

بلووز

pull

بلووز

sweat à capuche

چاکەت

veste

چاکەت

veste

باڵتە

manteau

بارانی

imperméable

پۆشاک

costume

کراسی ژنانە

robe

جلی زەماوەند

robe de mariée

چاکەت و پانتۆڵ

costume

جلی خەو

chemise de nuit

جلی خەو

pyjama

ساری

sari

لەچکە

foulard

جەمەدانە، سەرپێچ

turban

بۆرکا

burqa

کەفتان

caftan

عەبا

abaya

جل و بەرگی مەلەکردن

maillot de bain

پانتۆڵی مەلە

maillot de bain

پانتۆڵی کورت

short

جلوبەرگی ڕاهێنان

tenue d'entraînement

بەروانکە، بەرکوشە

tablier

دەستەوانە

gants

دوگمه

bouton

چاویلکه

lunettes

بازنه

bracelet

ملوانکه

collier

ئەنگوستیله

bague

گواره

boucle d'oreille

کڵاو

bonnet

داری جل هەڵواسین

cintre

کڵاو

chapeau

بۆینباخ

cravate

زیپ

fermeture éclair

کڵاوی پارێزەر

casque

هەڵگر

bretelles

جلی قوتابخانه

uniforme scolaire

یەکپۆش

uniforme

بەرلیکە، بەرکۆشی منداڵ

bavoir

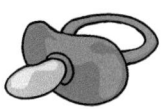

مەمکە مژە

sucette

دایبی، پەڕۆشۆر

lange

نووسینگە، فەرمانگە

bureau

serveur
دۆلابی بەڵگە
armoire d'archivage
چاپکەر
imprimante
کاغەز
papier
مۆنیتۆر، پیشانگەر
écran
ماوس
souris
مێزی نووسین
بۆخچە
classeur
تەختەکلیل
clavier
سەبەتەی کاغەز
corbeille à papier
کۆمپیوتەر
ordinateur
کورسی
chaise

کۆپی قاوە

tasse de café

ژمێرەر

calculatrice

ئینتەرنێت

internet

لەپتۆپ

....

ordinateur portable

نامە

....

lettre

پەیام

....

message

موبایل، تەلەفۆنی دەست

....

portable

تۆڕ

....

réseau

ئامێری لەبەرگرتنەوە، کۆپیکەر

....

photocopieuse

نەرمەکالا

....

logiciel

تەلەفۆن

....

téléphone

ساکێتی دووشاخە

....

prise

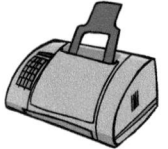

ئامێری فەکس

....

fax

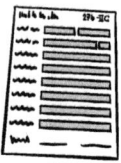

فۆرم

....

formulaire

بەڵگە

....

document

کڕین

acheter

پارەدان

payer

بازرگانی، ئاڵوگۆڕکردن

faire du commerce

پارە، دراو

monnaie

دۆلار

dollar

یۆرۆ

euro

یەن

yen

ڕوبڵی ڕووسی

rouble

فرانکی سویسی

franc suisse

یوان، یەکەی دراوی چینی

renminbi yuan

ڕووپییە

roupie

مەکینەی پارە

distributeur automatique

نووسینگەی گۆڕینەوەی دراو
bureau de change

زێڕ
or

زیو
argent

نەوت
pétrole

وزە
énergie

بەها، نرخ
prix

ڕێکەوتننامە
contrat

باج
taxe

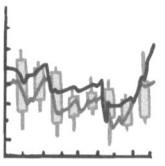

سەهام
action

کارکردن
travailler

کارمەند، کارکەر
employé

خاوەنکار
employeur

کارخانە
usine

دووکان
magasin

ئیشەکان

professions

فەرمانبەری پولیس
agent de police
ئاگرکووژێنەر
pompier
چێشتلێنەر
cuisinier
médecin
فڕۆکەوان
pilote

باخەوان

jardinier

دارتاش، مەرەنگوێز

menuisier

خەییات

couturière

دادوەر

juge

کیمیازان

chimiste

شانۆگەر، شانۆکار

acteur

شۆفیری پاس

conducteur de bus

شۆفیر تاکسی

chauffeur de taxi

ماسیگر

pêcheur

کڵفەت

femme de ménage

وەستای سەربان

couvreur

خزمەتکار

serveur

ڕاوچی

chasseur

بۆیاخچی

peintre

نانکەر

boulanger

کارەباچی

électricien

بەننا

ouvrier

ئەندازیار

ingénieur

قەساب

boucher

وەستای بۆری

plombier

پۆستەچی

facteur

سەرباز

....

soldat

نەخشەکێش

....

architecte

ژمێریار، خەزەندار

....

caissier

گوڵفرۆش

....

fleuriste

ئارایشگەر

....

coiffeur

گەیێنەر

....

contrôleur

میکانیک

....

mécanicien

کەشتیوان

....

capitaine

ددانساز، دوکتوری ددان

....

dentiste

زانا

....

scientifique

مەلای جوولەکان

....

rabbin

ئیمام

....

imam

کەسی ئایینی

....

moine

قەشە

....

prêtre

ئامراز و کەرەستە

outils

چەکووش
marteau
پێچبادەر
tournevis
پلایز
pinces
جەرەبادەر
clé
مەشخەڵ
torche

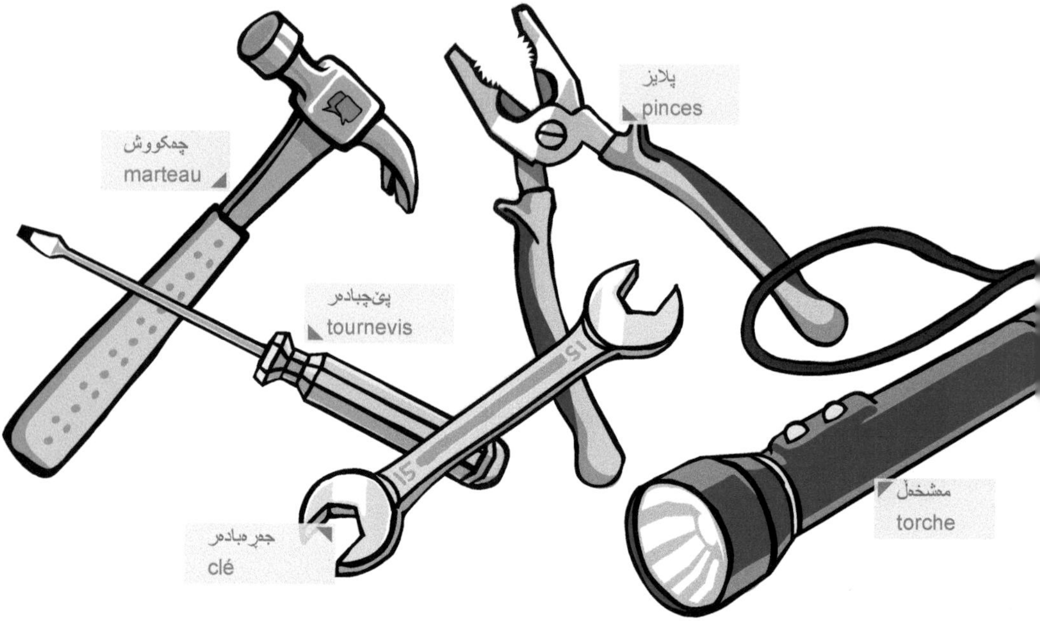

شۆفڵ

pelleteuse

سندووقی ئامراز

boîte à outils

پەیژە

échelle

مشار

scie

بزمارەکان

clous

کونکەرە

perceuse

چاککردنەوە
réparer

پێمەڕە
pelle

نەفرەت!
Mince !

خاکەناز
pelle

قتووی بۆیاخ
pot de peinture

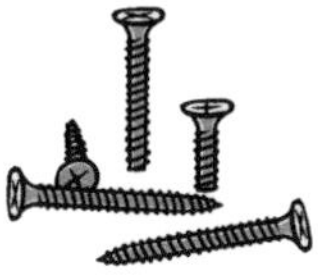

پێچەکان، جەڕەکان
vis

ئامێرەکانی مووزیک
instruments de musique

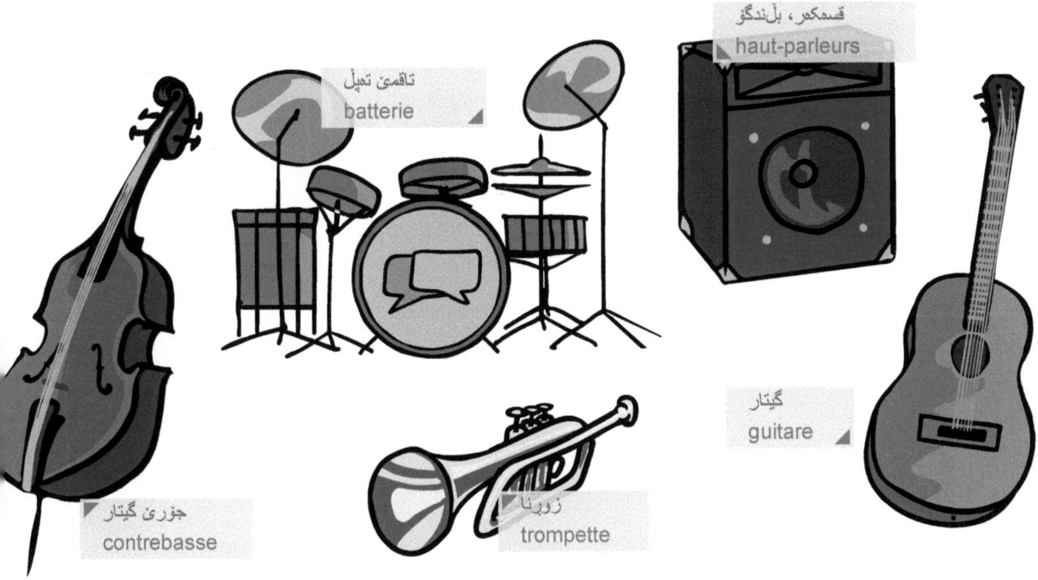

قسەکەر، بڵندگۆ
haut-parleurs
تاقمێ تەپڵ
batterie
گیتار
guitare
جۆرێ گیتار
contrebasse
زوڕنا
trompette

پیانۆ

piano

کەمانچە

violon

گیتار

basse

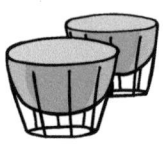

دەهۆڵ

timbales

تەپڵ

tambour

تەختەکلیل

piano électrique

ساکسافۆن

saxophone

فلووت، شمشاڵ

flûte

مایکرۆفۆن

microphone

باخچەی ئاژەڵان

ZOO

entrée
پڵینگ
tigre
قەفەز
cage
zèbre
alimentation animale
ورچی پاندا
panda

ئاژەڵەکان

animaux

فیل

éléphant

کانگۆرۆ

kangourou

کەرکەدەن

rhinocéros

گۆریلا

gorille

ورچ

ours

وشتر

chameau

وشترمریشک

autruche

شێر

lion

مەیموون

singe

فلامینگۆ

flamand rose

تووتی

perroquet

ورچی جەمسەری

ours polaire

پێنگوین

pingouin

قرش، سەگەماسی

requin

تاووس

paon

مار

serpent

تیمساح

crocodile

پارێزەری باخچەی ئاژەڵان

gardien de zoo

سەگی دەریایی

phoque

پڵینگ

jaguar

ئەسپی قەزەم

....

poney

پشیلەی پڵینگی

....

léopard

ئەسپی ئاوی

....

hippopotame

زەرافە

....

girafe

هەڵۆ

....

aigle

بەرازی کێوی

....

sanglier

ماسی

....

poisson

کیسەڵ

....

tortue

واڵڕاس، ئاژەڵێکی دەریایی

....

morse

ڕێوی

....

renard

ئاسک

....

gazelle

وەرزش

sports

تۆپی پێی ئەمریکی
american Football
cyclisme
تێنیس
tennis
تۆپی باسکە
basket-ball
مەلەکردن
natation
بۆکسێن
boxe
هۆکی سەر سەهۆڵ
hockey sur glace

فووتبۆڵ

football

بەدمینتۆن

badminton

وەرزشوان

athlétisme

هەندباڵ

handball

خلیسکێن

ski

پۆلۆ

polo

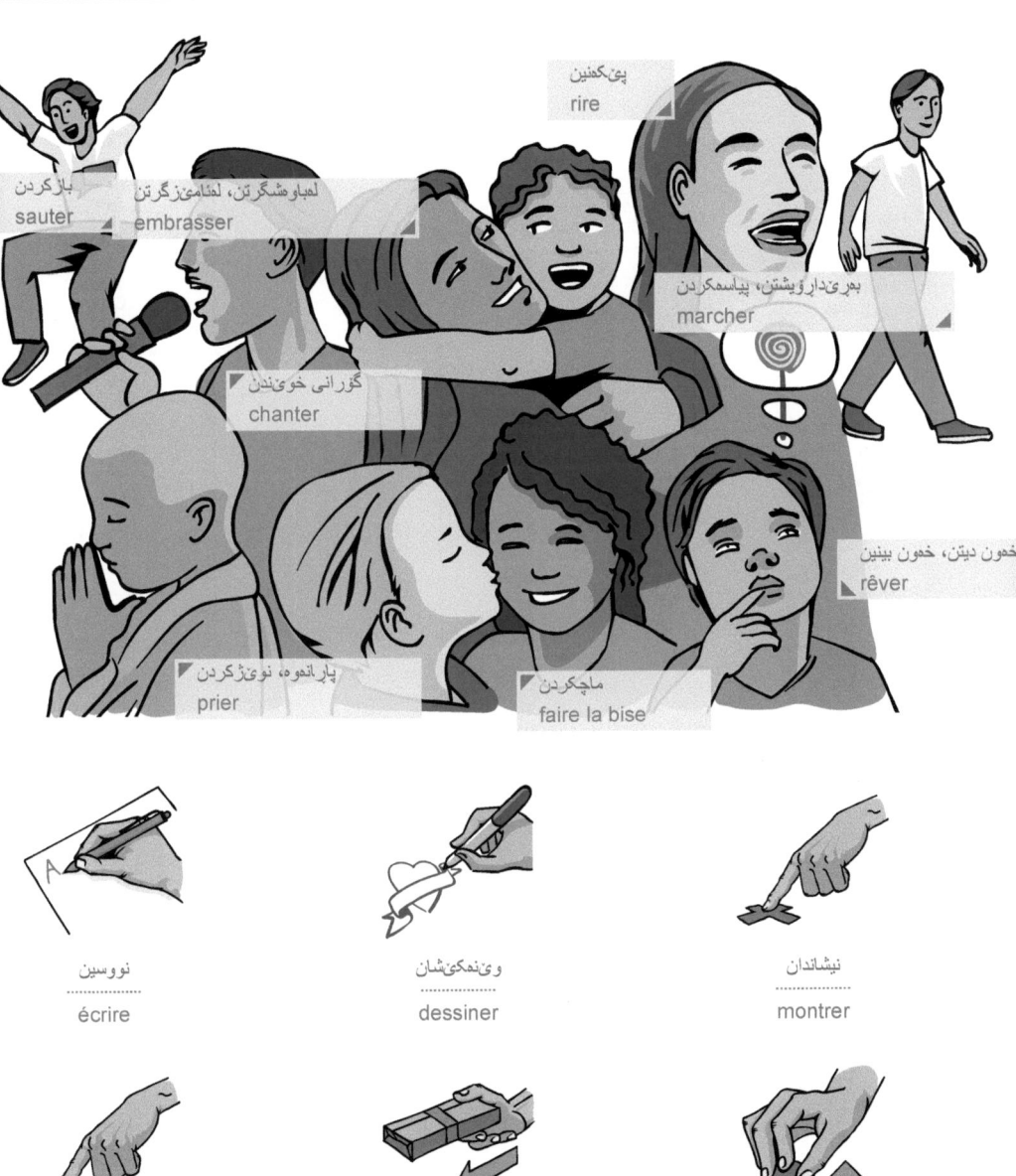

پێکەنین
rire

بازکردن
sauter

لەباوەشگرتن، لەئامێزگرتن
embrasser

بەڕێدارۆیشتن، پیاسمکردن
marcher

گۆرانی خوێندن
chanter

خەون دیتن، خەون بینین
rêver

پاڕانەوە، نوێژکردن
prier

ماچکردن
faire la bise

نووسین
écrire

وێنەکێشان
dessiner

نیشاندان
montrer

پاڵ پێوەنان
pousser

دان
donner

هەڵگرتن
prendre

هەبوون

avoir

کردن

faire

بوون

être

ڕاوەستان

être debout

هەڵاتن

courir

کێشان

trier

هاویشتن

jeter

کەوتن

tomber

درۆکردن

être couché

چاوەڕێبوون

attendre

هەڵگرتن

porter

دانیشتن

être assis

جل لەبەرکردن

s'habiller

خەوتن

dormir

لەخەوهەستان

se réveiller

چاولێکردن

regarder

گریان

pleurer

جەڵتەلێدان

caresser

قژداهێنان، شانەکردن

peigner

قسەکردن

parler

تێگەیشتن

comprendre

پرسیارکردن، پرسین

demander

گوێڕاگرتن

écouter

خواردنەوە

boire

خواردن

manger

ڕێکوپێک کردن

ranger

خۆشویستن

aimer

چێش لێنان

cuire

شۆفێریکردن

conduire

فڕین

voler

کەشتیوانی

faire de la voile

حساب‌کردن، ژماردن

calculer

خوێندنەوە

lire

فێربوون

apprendre

کارکردن

travailler

زەماوەندکردن

se marier

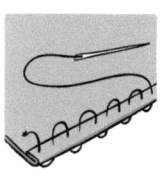

دورین، دورومانکردن

coudre

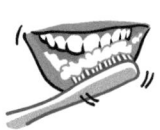

فڵچە لەددان دان

brosser les dents

کوشتن

tuer

جگەرەکێشان

fumer

ناردن

envoyer

famille

دایەگەورە
grand-mère
باوەگەورە
grand-père
باوک، باب
père
دایک
mère
منداڵی ساوا
bébé
کچ
fille
کوڕ
fils

میوان

hôte

پوور

tante

مام، خاڵ

oncle

برا

frère

خوشک

sœur

جەستە، لەش

corps

ناوچاوان، تویل
front
چاو
œil
شان
épaule
قامک
doigt
دەموچاو، ڕوومەت
visage
چەنە
menton
دەست
main
لاق
jambe
سنگ
poitrine
باسک، قۆڵ
bras

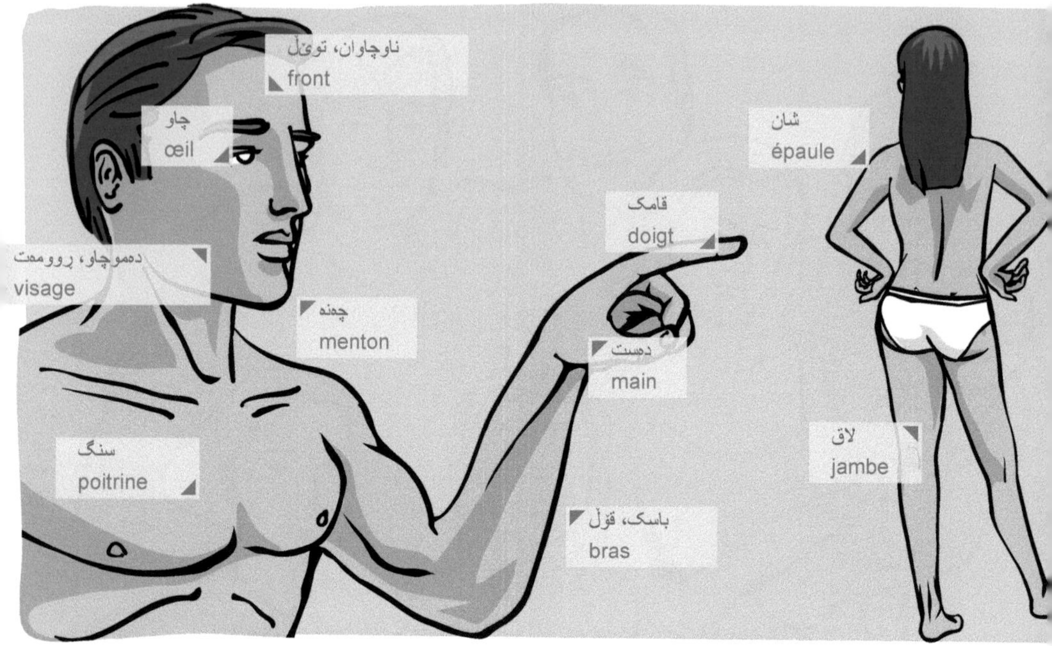

منداڵی ساوا

bébé

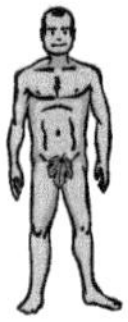

پیاو

homme

ژن

femme

کچ

fille

کوڕ

garçon

سەر

tête

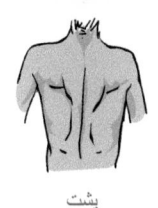

پشت

dos

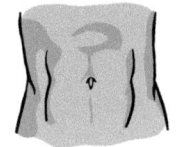

زگ

ventre

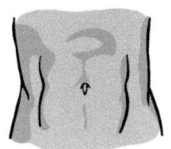

ناوک

nombril

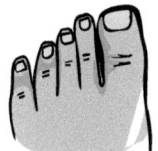

قامکی پێ

orteil

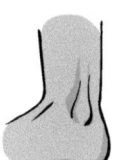

پاژنەی پێ

talon

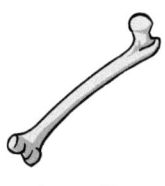

ئێسقان، ئێسک

os

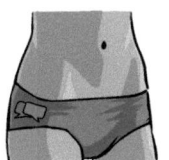

سمت

hanche

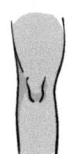

ئەژنۆ

genou

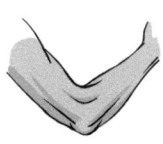

ئانیشک

coude

لووت

nez

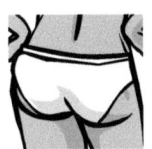

قوون

fesses

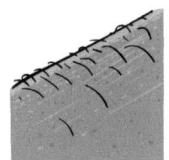

پێست

peau

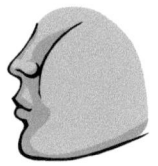

گوپ

joue

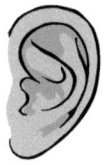

گوێ

oreille

لێو

lèvre

دەم، زار
....
bouche

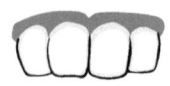

ددان
....
dent

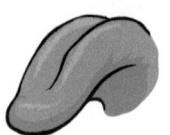

زمان
....
langue

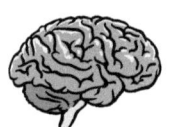

مێشک
....
cerveau

دڵ
....
cœur

ماسوولکە
....
muscle

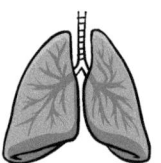

سیپەلاک، سی
....
poumons

جەرگ
....
foie

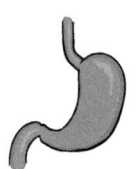

گەدە
....
estomac

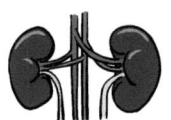

گورچیلە
....
reins

سێکس
....
rapport sexuel

کۆندۆم
....
préservatif

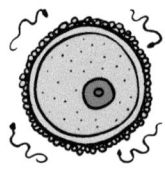

توو، گەرا
....
ovule

تۆو
....
sperme

دووگیانی
....
grossesse

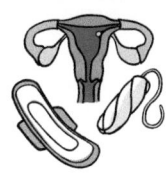

كەوتنە سەر خوێن

menstruation

زێ

vagin

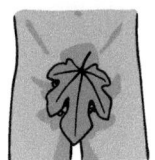

کێر

pénis

برۆ

sourcil

قژ

cheveux

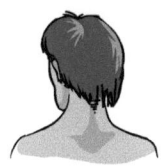

مل

cou

نەخۆشخانە، خەستەخانە

hôpital

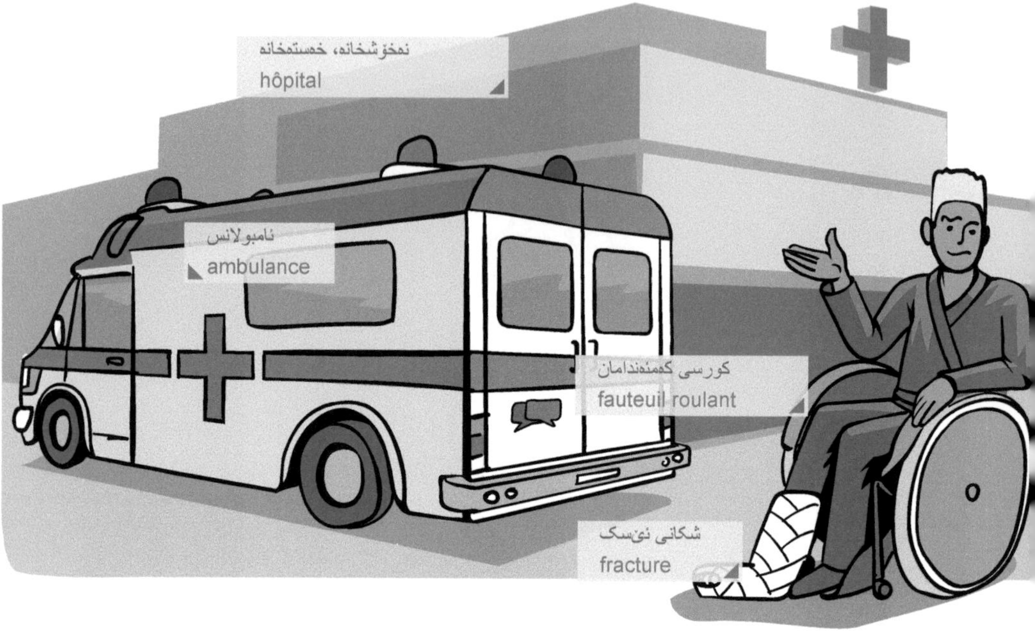

ئامبولانس
ambulance
کورسی کەمئەندامان
fauteuil roulant
شکانی ئێسک
fracture

دکتۆر

médecin

ژووری فریاکەوتن

service des urgences

نەخۆشوان

infirmière

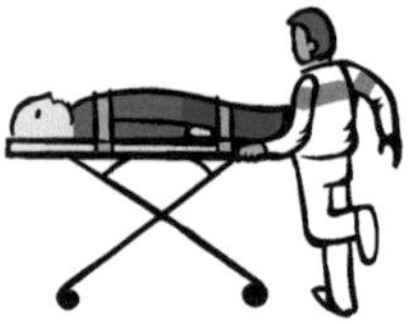

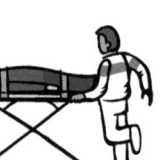

ئورژانس، بەشی فریاکەوتن

urgence

بێهۆش

inconscient

ژان، ئێش

douleur

برینداری

blessure

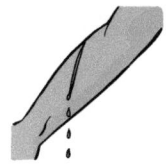

خوێنڕێژی

hémorragie

جەڵتەی دڵ

crise cardiaque

جەڵتە

attaque cérébrale

ئالێرژی، هەستیاری

allergie

کۆخە

toux

تا

fièvre

ئەنفلۆنزا

grippe

زگچوون

diarrhée

سەرێشە، ژانەسەر

mal de tête

سەرەتان

cancer

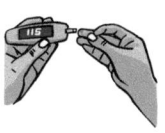

شەکرە

diabète

نەشتەرگەر

chirurgien

نەشتەر، چەقۆی توێکاری

scalpel

نەشتەرگەری

opération

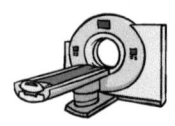

CT

CT

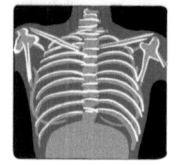

تیشکی ئێکس

radiographie

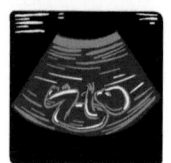

ئوڵتراساوند

échographie

ماسکی ڕوومەت

masque

نەخۆشی

maladie

ژووری چاوەڕێبوون

salle d'attente

گۆچان

béquille

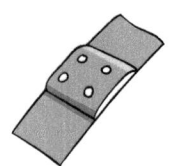

مشەما

pansement

برین پێچ

pansement

دەرزی لێدان

injection

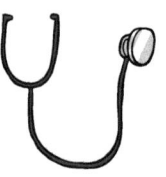

بیستۆکی پزیشک

stéthoscope

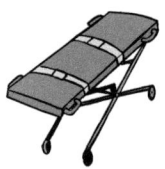

داربەست

brancard

گەرماپێوی کلینیکی

thermomètre

لەدایکبوون

accouchement

زیادەکێشە/قەڵەویی

surcharge pondérale

بیستۆک

....

appareil auditif

میکرۆبکوژ

....

désinfectant

چڵک

....

infection

ویروس

....

virus

ئەیدز

....

VIH / sida

دەرمان

....

médicament

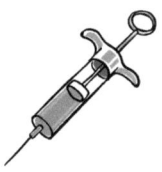

کوتان

....

vaccination

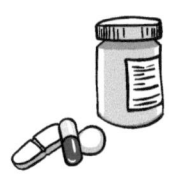

حەب

....

comprimés

حەب

....

pilule

تەلەفۆنی فریاکەوتن

....

appel d'urgence

پیشانگەری پەستانی خوێن

....

tensiomètre

نەخۆش / سڵامەت

....

malade / sain

ئورژانس، بەشی فریاکەوتن

urgence

یارمەتی!

Au secours !

ئاگادارکردنەوە، ئەلارم

alarme

دەستدرێژی

assaut

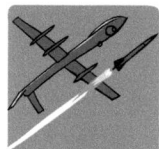

هێرشکردن

attaque

مەترسی

danger

چوونەدەرەوەی ئورژانس

sortie de secours

ئاگر!

Au feu!

ئاگرکوژێنەوە

extincteur

ڕووداو، پێشهات

accident

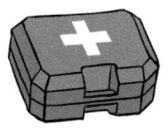

قوتووی یارمەتی فریاکەوتن

trousse de premier secours

SOS

SOS

پولیس

police

ئەوڕۆپا

Europe

ئەمریکای باکوور

Amérique du Nord

ئەمریکاری باشوور

Amérique du Sud

ئافریقا

Afrique

ئاسیا

Asie

ئوسترالیا

Australie

ئەتڵەسی، ئۆقیانووسی ئەتڵەسی

Océan atlantique

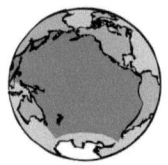

زەریای هێمن

Océan pacifique

ئۆقیانووسی هیندی

Océan indien

ئۆقیانووسی جەمسەری باشوور

Océan antarctique

ئۆقیانووسی جەمسەری باکوور

Océan arctique

جەمسەری باکوور

pôle nord

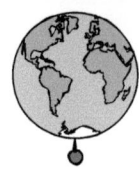

جەمسەری باشوور

pôle sud

ناوچەی جەمسەری باشوور

Antarctique

ئەرز، زەوی

terre

خاک، وشکانی

pays

دەریا، زەریا

mer

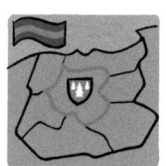

دوورگە

île

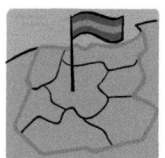

گەل، نەتەوە

nation

وڵات، پارێزگا، دەوڵەت

état

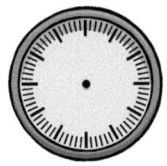

روخساری کاتژمێر

cadran

نیشاندەری کاتژمێر

aiguille des heures

نیشاندەری خولەک

aiguille des minutes

دەستی دوو

aiguille des secondes

کاتژمێر چەندە؟، سەعات چەندە؟

Quelle heure est-il ?

ڕۆژ

jour

کات، زەمان

temps

ئێستا، هەنووکە

maintenant

کاتژمێری دیجیتاڵی

montre digitale

خولەک

minute

کاتژمێر

heure

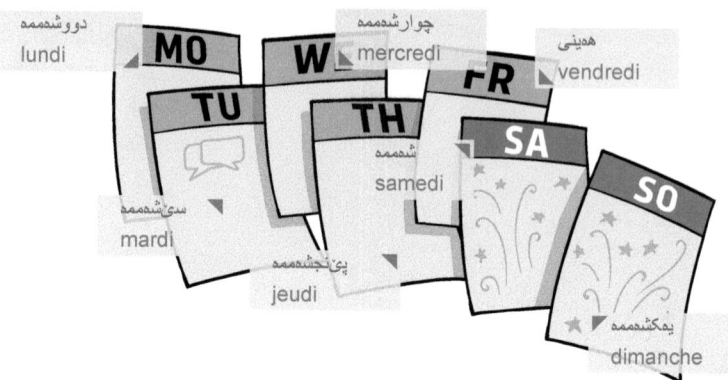

semaine

دووشەممە
lundi

سێشەممە
mardi

چوارشەممە
mercredi

پێنجشەممە
jeudi

هەینی
vendredi

شەممە
samedi

یەکشەممە
dimanche

دوێنێ
hier

ئەمڕۆ، ئەورۆ
aujourd'hui

سبەینێ
demain

بەیانی
matin

نیوەڕۆ
midi

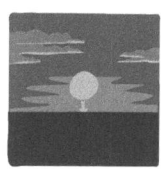

ئێوارە
soir

ڕۆژی کار
jours ouvrables

کۆتایی هەفتە
week-end

سالٚ

année

باران
pluie
کۆلکەزێرینە
arc-en-ciel
بازکردن
vent
بەفر
neige
بەهار
printemps
هاوین
été
پاییز
automne
زستان
hiver

پێشبینی هەوا

....

météo

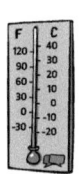

گەرماپێو

....

thermomètre

خۆرەتاو

....

lumière du soleil

هەور

....

nuage

تەمومژ

....

brouillard

تەڕایی

....

humidité

هەورەتریشقە، بروسکە

foudre

هەورەگرمە

tonnerre

باوبۆران، تۆفان

tempête

تەرزە

grêle

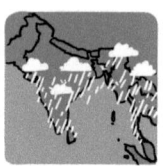

مانسوون

mousson

لافاو

inondation

سەهۆڵ

glace

جانیوەری

janvier

فێبریوەری

février

مارچ

mars

ئەیپریل

avril

مەی

mai

جوون

juin

جوولای

juillet

ئۆگۆست

août

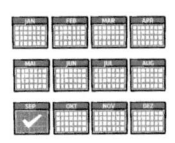

سێپتەمبەر

septembre

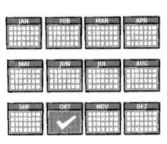

ئۆکتۆبەر

octobre

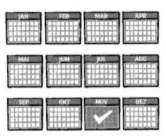

نۆڤەمبەر

novembre

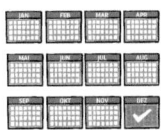

دیسەمبەر

décembre

شێوەکان

formes

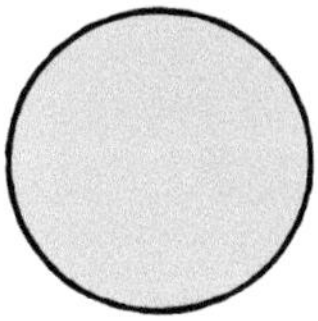

بازنە

cercle

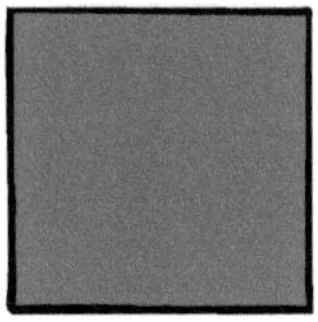

چوارگۆشە

carré

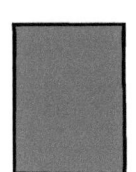

چوارگۆشەی درێژ

rectangle

سێگۆشە

triangle

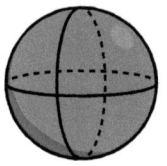

تۆپ، گۆ

sphère

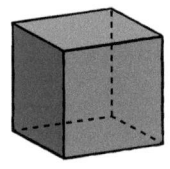

خشتەک

cube

ڕەنگەکان

couleurs

سپی

blanc

زەرد

jaune

پرتەقاڵیی

orange

پەمەیی

rose

سوور

rouge

بنەوش

violet

شین

bleu

سەوز

vert

قاوەیی

marron

بۆر

gris

ڕەش

noir

دژبەرەکان

oppositions

زۆر / کەم

beaucoup / peu

تووڕە / لەسەرەخۆ

fâché / calme

جوان / ناحەز

joli / laid

سەرەتا / کۆتایی

début / fin

گەورە / چکۆلە

grand / petit

ڕووناک / تاریک

clair / obscure

برا / خوشک

frère / soeur

خاوێن / چڵکن

propre / sale

تەواو / ناتەواو

complet / incomplet

ڕۆژ / شەو

jour / nuit

مردوو / زیندوو

mort / vivant

پان / تەنگ

large / étroit

خۆش / ناخۆش

comestible / incomestible

نەگریس / بەبەزەیی

méchant / gentil

وروژاو / بێزار

excité / ennuyé

قەڵەو / لاواز

gros / mince

یەکەم / ئاخر

premier / dernier

دۆست / دوژمن

ami / ennemi

پڕ / خاڵی

plein / vide

ڕەق / نەرم

dur / souple

قورس / سووک

lourd / léger

برسی / تینوی

faim / soif

نەخۆش / سڵامەت

malade / sain

نایاسایی / یاسایی

illégal / légal

زیرەک / گەمژە

intelligent / stupide

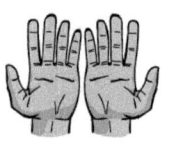

چەپ / ڕاست

gauche / droite

نزیک / دوور

proche / loin

نوێ / کۆن، بەکارهاتوو

....

nouveau / usé

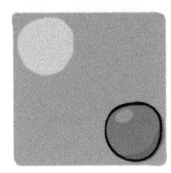

هیچ شتێک / شتێک

....

rien / quelque chose

پیر / لاو

....

vieux / jeune

هەڵکراو / کوژاوە

....

marche / arrêt

کراوە / داخراو

....

ouvert / fermé

بێدەنگ / دەنگی بەرز

....

faible / fort

دەوڵەمەند / هەژار

....

riche / pauvre

ڕاست / هەڵە

....

correct / incorrect

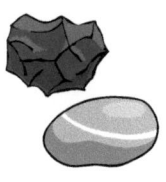

زبر / ساف

....

rugueux / lisse

خەمین / خۆشحاڵ

....

triste / heureux

کورت/ درێژ

....

court / long

هێواش / خێرا

....

lent / rapide

تەڕ / وشک

....

mouillé / sec

گەرم / فێنک

....

chaud / froid

شەڕ / ئاشتی

....

guerre / paix

ژمارەکان
nombres

0

سیفر

zéro

1

یەک

un / une

2

دوو

deux

3

سێ

trois

4

چوار

quatre

5

پێنج

cinq

6

شەش

six

7

حەوت

sept

8

هەشت

huit

9

نۆ

neuf

10

دە

dix

11

یازدە

onze

12

دوازده

douze

13

سێزده

treize

14

چوارده

quatorze

15

پازده، پانزه

quinze

16

شازده

seize

17

حه‌فده

dix-sept

18

هه‌ژده

dix-huit

19

نۆزده

dix-neuf

20

بیست

vingt

100

سه‌د

cent

1.000

هه‌زار

mille

1.000.000

میلیۆن

million

زمانەکان

langues

ئینگلیزی

anglais

ئینگلیزی ئەمەریکی

anglais américain

چینی ماندارین

chinois mandarin

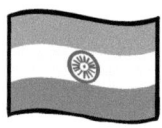

هیندی

hindi

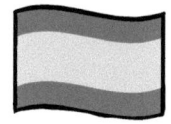

ئیسپانی

espagnol

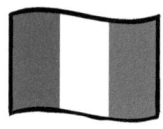

فەرەنسی

français

عەرەبی

arabe

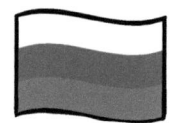

ڕووسی

russe

پۆرتوگالی

portugais

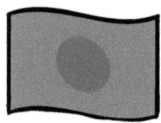

بەنگالی

bengali

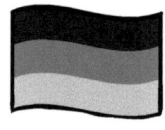

ئاڵمانی

allemand

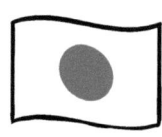

ژاپۆنی

japonais

کێ / چی / چۆن
qui / quoi / comment

من

je

تۆ

tu

ئەو

il / elle / ce, c', cela

ئێمە

nous

ئێوە

vous

ئەوان

ils / elles

کێ؟

Qui ?

چی؟

Quoi ?

چۆن؟

Comment ?

لەکوێ؟

Où ?

کەنگێ؟ کەی؟

Quand ?

ناو

nom

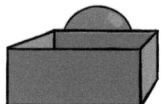

شوێن

où

لەپشت

derrière

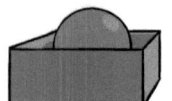

لە

dans

لەپێش

devant

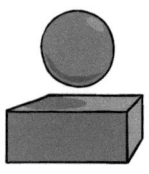

سەری

au-dessus

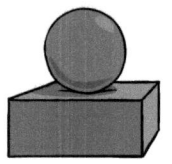

لەسەر

sur

ژێر

en-dessous

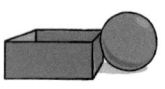

لە تەنیشت

à côté de

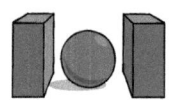

لەنێوان

entre

شوێن، جێ

lieu